© 1990 Giulio Einaudi editore s.p.a., Torino
© Ediciones Destino, S.A.
Consell de Cent, 425. 08009 Barcelona
Traducción: Rosario Muñoz Baena
Primera edición: septiembre 1991
ISBN: 84-233-2086-3
Depósito legal: B. 27.093-1991
Impreso por Gráficas Domingo, S.A.
Industria, 1. Sant Joan Despí (Barcelona)
Impreso en España - Printed in Spain

Ibi Lepscky

Marie

Ilustraciones de Paolo Cardoni

Ediciones Destino

Marie era tímida, sensible, cariñosa. Se lo tomaba todo muy en serio y tenía un gran sentido de la justicia.

Podía echarse a llorar de repente por cualquier cosa que no le pareciese justa.

Era la pequeña de cinco hermanos.

Su mamá se había inventado muchos nombres graciosos para sus hijos. Marie, como era la más pequeña, era la que más tenía: Maña, Mañucha, Maruchina, Chufona. Este nombre tan raro era el primero que se le había ocurrido a mamá cuando Marie estaba en la cuna.

Los libros eran su juguete favorito.

Apenas sabía hablar o andar y ya se sentaba en la alfombra a hojear, página por página, cualquier libro que cayese en sus manos.

«¡Es extraño —le comentó un día mamá a papá—, fíjate que Mañucha, Maruchina, Chufona, hojea atentamente cualquier libro, incluso los que no tienen ilustraciones!».

Después añadió pensativa: «¡Quizá le guste el crujido del papel!».

Cada mañana, cuando sus hermanos ya habían ido al colegio, Marie se paseaba con aire distraído por la casa, y luego, de puntillas, entraba en el salón.

El salón era para ella un lugar fascinante, fantástico.

Le gustaba todo: las altas estanterías llenas de libros, el escritorio de

caoba con muchos cajones, el sofá de terciopelo rojo, el péndulo de
malaquita verde, la preciosa tacita azul de Sèvres que nadie debía
tocar, el tablero de ajedrez con las casillas de diferentes mármoles y el
barómetro de precisión que su papá, en días determinados, regulaba
y limpiaba minuciosamente.

Pero sobre todo le gustaba una vitrina que contenía una serie de pequeños objetos misteriosos. Había tubitos de cristal, minúsculas balanzas, extraños y complicados instrumentos que no se sabía bien para qué servían y una serie de piedras de colores raros y nunca vistos. Algunas eran muy oscuras, con sorprendentes vetas azules; otras tenían en su interior pequeñas partículas de plata, otras eran transparentes como bloques de hielo, otras eran totalmente amarillas, y también había una, la favorita de Marie, preciosa, totalmente rosada. Marie no se cansaba nunca de admirar aquellos fascinantes objetos. Cada día le parecía descubrir alguna cosa en la que no se había fijado antes. ¡Cómo le hubiera gustado tocarlos!

Un día su papá la sorprendió delante de la vitrina.

«Veo que estás admirando el instrumental de física, Mañucha —dijo papá sonriendo—. ¡Instrumental de física!

¡Así que ése era el nombre de todo aquel conjunto de objetos fascinantes!

Papá abrió la vitrina y permitió a Marie que lo tocara todo.

Papá le explicó que las piedras eran muestras de minerales; la maravillosa piedra rosa era un cuarzo, los objetos misteriosos eran electroscopios, los tubitos de cristal eran probetas.

Papá, que era profesor de física, también le contó que cualquier suposición científica tenía siempre que ser comprobada y demostrada con un experimento.

Al día siguiente, mamá descubrió en la punta de la lengua de Marie una manchita de un bonito y brillante color verde.

¿Qué podía ser? ¿Una enfermedad extraña? Al principio, mamá se asustó, pero enseguida se aclaró el misterio.

Marie confesó entre lágrimas que había probado la tinta verde con la punta de la lengua.

Mamá la riñó y luego le dio un vaso de leche.

Más tarde, papá interrogó a Marie sobre el asunto de la tinta verde. Le
preguntó por qué había hecho una cosa tan tonta. Marie respondió
que había probado la tinta verde para estar absolutamente segura,
para comprobar, para «verificar» lo que ya sabía. El verde podía ser un
color común a muchas cosas: espinacas, guisantes, perejil, caramelos
de menta, pero no tenía el mismo sabor en todas ellas.
Papá exclamó: «Vaya, vaya», y fue a buscar a mamá para comentarle:
«Creo que Mañucha ha realizado hoy un pequeño experimento
científico».

Cada noche, antes de irse a la cama, los niños podían quedarse un
rato en el salón con papá y mamá.
Los niños hojeaban libros ilustrados o bien se entretenían con
tranquilos juegos. Papá leía o conversaba con mamá.
Mamá a veces leía, otras, tocaba el piano, pero, a menudo, hacía
zapatos para sus hijos. Sí, para mamá ningún trabajo era poca cosa y
por eso había aprendido a usar la lezna y el tranchete.

Los niños escuchaban el ligero toc-toc del martillo que hacía penetrar en las suelas los minúsculos clavos dorados, como un mensaje de amor.

Una noche, el último día de unas largas vacaciones, papá dijo que los niños no debían mirar libros con ilustraciones ni tampoco jugar.

Aquella noche, los niños tenían que leer los libros de la escuela, sobre todo Bronia, que leía muy mal.

Papá incluso le había preparado un alfabeto recortando grandes letras de cartón, pero Bronia no había adelantado mucho.

Bronia, sentada en la alfombra con el libro abierto sobre las rodillas, empezó a leer en voz alta, con dificultad y trabándose en cada palabra. Y de pronto, ante el silencio y estupor general, Marie, que estaba sentada junto a Bronia, le quitó el libro de las manos con aire impaciente y leyó toda la página de un tirón; luego pasó la hoja y continuó.

En ese momento, Marie se dio cuenta de que todos estaban callados, mirándola.

«¡Lo siento! ¡Lo siento! —gritó—. ¡No lo he hecho a propósito!», y se echó a llorar con desesperación.

«Siempre ayudaba a Bronia a guardar su alfabeto de cartón en la caja —dijo llorando—, y por eso he aprendido. ¡Era tan fácil! ¡Por favor, perdonadme!»

Papá y mamá la consolaron y le dijeron que no había hecho nada malo. Sin embargo, ambos estuvieron de acuerdo en que Marie no debía leer. Era demasiado pequeña, sólo tenía cuatro años y su mente podía cansarse.

Y, además, no querían una niña prodigio.

A partir de entonces, papá y mamá vigilaron a Marie para impedir que leyera. Incluso encargaron lo mismo a sus hermanos. Marie debía jugar.

De vez en cuando en la casa resonaba un grito de alarma.

«¡Chufona está leyendo!» Y, entonces, le quitaban el libro de las manos y la llevaban a jugar afuera, al jardín.

Desde aquel momento, los padres se vieron perseguidos por una pequeña e implorante niña que preguntaba con voz suplicante: «¿Puedo leer? ¿Puedo leer?».

Al final, papá se convenció de que lo mejor para Marie era ir al colegio aunque aún no tuviera la edad. Su inteligencia necesitaba ejercicio.

Marie, a pesar de ser la más pequeña, fue enseguida la más adelantada de la escuela.

En aquella época, el país de Marie había sido invadido por otro más poderoso que declaró obligatoria en las escuelas la enseñanza de su historia y de su lengua.

Un inspector muy antipático, anunciado por el sonido de la campana,

venía de vez en cuando a comprobar si se respetaban esas
disposiciones.
Sin embargo, las maestras también enseñaban a los niños a escondidas
la historia de su pobre patria. Todo esto confundía un poco a los
niños.
¡Tantas fechas, tantos nombres!

Cuando el sonido de la campana anunciaba la llegada del inspector,
Marie salvaba la situación recitando de corrido, sin errores, sin dudas,
hechos, fechas y nombres.
El inspector se iba satisfecho. Inmediatamente después, la pequeña,
sensible y cariñosa Marie lloraba con desesperación.

Con el tiempo aprendió a no llorar por cualquier cosa, pero su pasión por el estudio, sobre todo por las asignaturas de ciencias, no cambió. Nunca cambió.
El instrumental de física estaba siempre presente en su mente, como un sueño.

Por esta razón, Marie estudió física y se convirtió en una eminencia en este campo.

Descubrió y estudió un nuevo y extraño elemento que, sin sufrir modificaciones aparentes y sin detenerse nunca, emitía radiaciones y calor y del que emanaba una tenue y misteriosa luz azul.